INHALTSVERZEICHNIS

W0372711

KATHARINA WACKERNAGEL KOCHT MIT DEM FILMTEAM VON „DIE LETZTE LÜGE“

Liebe Leserin, lieber Leser,
es ist noch nicht lange her, da fragte mich ein Freund: „Warum schreibst du eigentlich nicht mal ein Kochbuch, so toll wie du kochst?“ Ich freute mich, dass es ihm schmeckte, und habe in Ruhe weitergegessen. Denn auch wenn ich wirklich sehr gerne koche, habe ich noch nie etwas mit Rezepten am Hut gehabt. Ich nehme es mit Mengenangaben nicht so genau, kombiniere das, was da ist, und habe bis auf die Linzertorte meiner Oma noch nie etwas konsequent nach Rezept gekocht oder gebacken.

Ich bin in einer großen Familie aufgewachsen, in der alle gerne essen, aber außer mir und meinem Vater niemand gerne Mahlzeiten zubereitet. Daher habe ich schon früh angefangen, für große Runden zu kochen, in denen alle verschiedene Vorlieben haben. Denn mein einer Vater isst keinen Fisch, mein anderer liebt Kardamom und Nelken, was sonst keiner mag. Mein kleiner Bruder ist Vegetarier, der große liebt Braten über alles. Meine Mutter kann sich nicht für Überbackenes erwärmen, und ich selbst finde Suppen eher langweilig, weil ich immer was zu beißen haben möchte.

Ich habe Kochen nur durch Riechen, Schmecken und Über-die-Schulter-Schauen gelernt. Da ich auch nie besonders organisiert einkaufen gehe, ist es für mich mühsam, etwas nach Rezept zu kochen: Am Ende fehlt ohnehin die Hälfte der Zutaten. Ich lasse mich von dem, was gerade da ist und schön und lecker aussieht, inspirieren und improvisiere.

Wenn ich gefüllte Paprika zubereiten will, die Paprika aber runzlig aussieht oder es nicht genug für alle gibt, dann weiche ich eben auf gefüllte Zucchini, Auberginen oder Tomaten aus …

Improvisieren zu können, war für die Dreharbeiten zu unserem Film “Die letzte Lüge” unverzichtbar. Da wir den Film auch selbst produziert haben, hatte jeder von uns mehrere Aufgaben. So war ich neben meiner Tätigkeit als Schauspielerin für das Mittagessen des gesamten Teams verantwortlich. Nach Drehschluss bekamen wir zwar von einem nahegelegenen Gasthof ein zünftiges Abendessen ans Set gebracht, mittags aber mussten wir uns selbst versorgen.

Da wir im Hochsommer drehten, teilweise bei über dreißig Grad, war es nicht immer notwendig, warme Gerichte aufzutischen. Wir wollten eine Abwechslung zu den morgendlichen Stullen. Leckere leichte Mahlzeiten, die gute Laune machten, ohne einen zweistündigen Verdauungsschlaf im Schatten nach sich zu ziehen, denn unser Drehplan war eng gesteckt!

Zudem mussten die Gerichte abwechslungsreich sein und in sich variabel, denn auch in unserem Team gab es natürlich Vegetarier wie Wurstfetischisten, leidenschaftliche Fischesser, Knoblauchhasser und Kollegen mit einer Laktose-Intoleranz.

Ein durchschnittlicher Drehtag sah für mich dann etwa so aus: Im „Haupthaus“, ein Ferienhaus in Forchheim, das ich mit vier bis fünf anderen Teammitgliedern bewohnte, klingelte um halb sechs mein Wecker: Duschen und Haare aufdrehen und schminken, so startete ich jeden Morgen – wir drehten den Film ohne Maskenbildner, daher musste ich bereits vor Drehbeginn geschminkt sein. Danach kochte ich Kaffee und hatte noch eine halbe Stunde Zeit, die Szenen für den Tag durchzugehen, um dann um halb acht gemeinsam mit den anderen ans Set zu fahren. Dort gab es ein kleines Frühstück, das sich jeder

... IMPROVISIEREN ZU KÖNNEN, WAR FÜR DIE DREHARBEITEN UNSERES FILMS „DIE LETZTE LÜGE" UNERLÄSSLICH ...

SEBASTIAN SCHWARZ
KATHARINA WACKERNAGEL
ANJA KNAUER
MARIE BURCHARD
LEANDER LICHTI
LENN KUDRJAWIZKI
(V.L.N.R)

selbst zubereiten konnte, – und für mich den zweiten Milchkaffee. Es folgte die Stellprobe für die erste Szene des Tages, dann ins Kostüm und bis 19:30 Uhr drehen. Um 20 Uhr stand das Abendessen auf dem Tisch. Zwischendurch räumte ich noch ein bisschen das Set auf, denn das Haus, in dem wir drehten, haben einige von uns ja den ganzen Dreh über auch bewohnt. Es folgten die Besprechung der Dispo (der Arbeitsplan für den nächsten Drehtag) und dann die Abfahrt zurück in unser „Haupthaus". Dort gab es neben einem Internetanschluss eine schöne Terrasse, auf der sich alle zum Feierabendbier trafen, und den für mich wichtigsten Ort: eine geräumige Küche. Denn hier konnte ich nun das Mittagessen für den nächsten Tag vorbereiten.

Obwohl unser Team mit etwa zwanzig Leuten überschaubar war, merkte ich doch, dass die abendliche Kochaktion aufwendiger war als angenommen. Ich fragte also in die Runde, ob mich jemand hin und wieder ablösen könne. Und siehe da, es gab einige kochbegeisterte Freiwillige, die sich bereit erklärten, mich zu unterstützen. Das war nicht nur eine Entlastung, sondern brachte mich auch in den Genuss mir noch unbekannter und ungewohnter Speisen.

So überraschte uns Matthias Matek Hofmeister beispielsweise mit einer original fränkischen Obazda. Und unser Kostümbildner brachte eine Avocado-Meerrettich-Creme auf den Tisch, die es glücklicherweise nur einmal gab. Denn sie war nicht nur köstlich, sondern auch reichhaltig. Und

nach häufigerem Genuss hätte er sicher anfangen müssen, unsere Kostüme zu ändern. Unsere Regieassistentin bereitete für das gesamte Team Blätterteig-Schnecken zu, die so formvollendet aussahen, als seien sie von einer französischen Patisserie geliefert worden. Und Martina, unsere Script/Continuity, machte nicht nur eine einzigartige Quiche Lorraine, sie war es auch, die uns in einer nächtlichen Backaktion mehrere absolut perfekte Osterzöpfe backte, die wir im Film benötigten. Zudem versorgte sie uns mit Käsespätzle nach original schwäbischer Art (ebenfalls für die Requisite) und stand uns mit Rat und Tat zur Seite. Aber dazu später mehr …

In diesem kulinarischen Tagebuch findest du also in erster Linie Rezepte, die sich einfach vorbereiten und je nach Geschmack variieren lassen und die du, solltest du keine Großfamilie oder eben ein Filmteam verpflegen müssen, ideal auch zu Partys oder anderen größeren Veranstaltungen auftischen kannst. Und wenn du hier auch Rezepte für nur sechs Personen findest, kannst du immer ohne Probleme die Mengen verdoppeln oder sogar verdreifachen.

Nun also viel Spaß beim Lesen der Rezepte wie auch einiger Anekdoten vom Set, beim Nachkochen und natürlich dem Wichtigsten: dem Essen.

Lasst es euch schmecken!
Katharina Wackernagel

1 REZEPTE VON KATHARINA WACKERNAGEL

SALATBAR:
LINSENSALAT
COUSCOUS-SALAT
NUDELSALAT
GLASNUDELSALAT

MY LIE THAI SUPPE
PIZZA FANTASY
QUICHE A LA KATHARINA

TARAS GEBURTSTAGSESSEN:
LACHS IN WEISSWEINSAUCE
PUTE IN ORANGENSAUCE
ROSMARINKARTOFFELN / OFENKÜRBIS

THE BUSTERS RÜHREIER
KIRSCH-SCHOKO-KUCHEN

KATHARINAS SALATBAR

LINSENSALAT
COUSCOUS-SALAT
NUDELSALAT
GLASNUDELSLAT

UND MACHST ES SO

DU BRAUCHST

Für 8-10 Personen:
500 g rote Linsen
1 Bund Frühlingszwiebeln
1 Bund Petersilie
3 Paprika (Ampel)
2 große Möhren
100 g Kürbiskerne

Die Linsen in der Brühe bissfest kochen. Abkühlen lassen. Paprika und Möhren in Julienne-Streifen schneiden. Frühlingszwiebeln schneiden und Petersilie klein hacken. Kürbiskerne in Olivenöl mit einem Teelöffel Curry und ein wenig Salz kurz anbraten – wahlweise auch noch Walnüsse oder Pinienkerne. Alles mit den Linsen vermischen.

LINSENSALAT

Das Salatdressing:
½ Tasse Balsamico Essig
Saft einer Zitrone
2 EL Chinasauce (süß-scharf)
2 EL Sojasauce
1 TL Meerrettich
1 EL süßer Senf
1 EL Olivenöl
1 Knoblauchzehe (gepresst)

Das angemischte Dressing mit Salz, Pfeffer und getrocknetem Basilikum würzen. Dann über den Linsensalat geben.
Wenn du die Salatsauce nicht so sauer magst, kannst du sie mit 2 EL Joghurt und 1 EL Honig abmildern.

Selbstverständlich habe ich dieses Rezept für einen Außendrehtag vorgesehen. Die frische Luft lässt den Salat noch besser schmecken!

LEANDER LICHTI UND MARIE BURCHARD

CARLOS VAL UND ANJA KNAUER

LEANDER LICHTI UND KATHARINA WACKERNAGEL

DA ES BEI UNS AN DEM DREHTAG HEISS HERGING UND EINIGE KUSS-SZENEN ANSTANDEN ...

... HABE ICH MICH ALLERDINGS FÜR DIE KNOBLAUCHFREIE VERSION DES SALATS ENTSCHIEDEN.

DU BRAUCHST

Für 8-10 Personen:
½ Packung Couscous (500 g)
1 Zwiebel
2 Frühlingszwiebeln
1 Knoblauchzehe
1 Zucchini
1 Aubergine
1 rote Paprika
1 große Möhre
1 Schale Kirschtomaten (250 g)
1 große Dose Kichererbsen
1 Handvoll grüner Oliven ohne Steine
5 eingelegte Tomaten
1 Bund Petersilie
1 Bund Schnittlauch

COUSCOUS SALAT

UND MACHST ES SO

Den Couscous kochen, wie es auf der Packung steht. Abkühlen lassen. Zwiebeln, Knoblauch, Zucchini, Möhre und Aubergine würfeln. Die Kichererbsen abtropfen lassen und alles in reichlich Olivenöl anbraten. Mit Thymian, Oregano, Salz, Pfeffer und Cayenne-Pfeffer würzen. 1 EL Pesto Rosso dazugeben. Mit Weißwein ablöschen.

Für Fleischesser kannst du zusammen mit den Zwiebeln einige Speckwürfel anbraten. Die rohen Kirschtomaten, Paprika (gewürfelt), Oliven, Frühlingszwiebeln, Petersilie, Schnittlauch klein schneiden – nicht braten! – und mit dem gebratenen Gemüse und dem Couscous vermischen.

NUDELSALAT

VARIIER DOCH MAL

Wer es insgesamt etwas schärfer mag, kann noch Chilischoten untermischen.

Wenn dir Couscous nicht schmeckt – oder er dir gerade ausgegangen ist – geht das Rezept ebenso gut mit Reis, Nudeln (vorzugsweise Penne), Gnocchi oder Kartoffeln.

Auch hier kannst du dem Ganzen mit Kürbiskernen, Walnusskernen oder Pinienkernen noch mehr Biss verleihen.

Mit Fleisch:

Speck andünsten. Rind-, Hühner- oder Schweinefleisch kurz anbraten und untermischen.

Mit Fisch:

Shrimps anbraten, mit Zitronensaft beträufeln und untermischen.

Mit Tofu:

Räuchertofu oder italienisch gewürzten Tofu in Würfel geschnitten kalt untermischen.

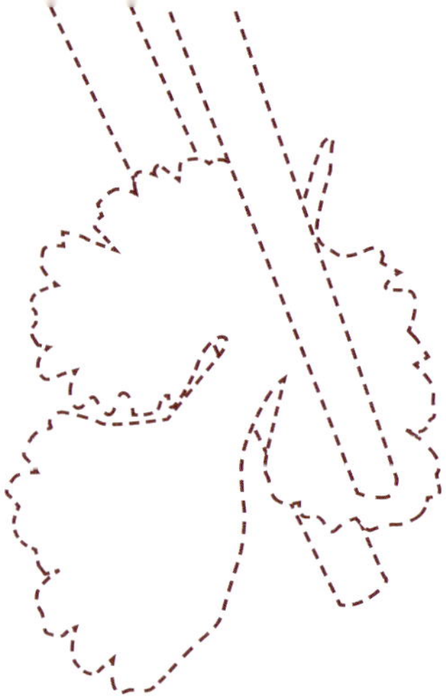

DU BRAUCHST

Für 8-10 Personen:
500 g Glasnudeln
2 rote und 1 gelbe Paprika
2 große Möhren
1 Bund Frühlingszwiebeln
500 g Garnelen oder Räuchertofu
2 Knoblauchzehen
1 rote Zwiebel
2 Limetten
1 Bund Koriander
3 Blätter Thai-Basilikum
500 g frische Mungobohnensprossen

GLASNUDELSALAT

2 EL Sesamöl
4 EL Sojasauce
3 EL Chilisauce
1 EL Fisch- bzw. Austernsauce

UND MACHST ES SO

Glasnudeln in einer Schale mit kochendem Wasser übergießen (nicht kochen!). Ziehen lassen, bis sie glasig sind (ca. 2-3 Minuten). Dann sofort abgießen.

Möhren, Paprika, rote Zwiebeln und Frühlingszwiebeln in feine Julienne-Streifen schneiden. Sojaöl in der Pfanne erhitzen und die Garnelen oder den Räuchertofu darin scharf anbraten. Mit Salz, klein gehacktem Knoblauch und einem Spritzer Zitronensaft würzen. Kurz bevor sie gar sind, die Möhren und Zwiebeln dazugeben. Alles zusammen kurz weiterbraten und dann abkühlen lassen. Den Limettensaft, die Sojasauce, die Chilisauce, die Fischsauce und das Sesamöl sowie eine Prise Zucker in einer großen Schüssel verrühren.

Paprika und Frühlingszwiebeln mit der Sauce vermischen und 10 Minuten ziehen lassen. Die Sprossen mit kochendem Wasser übergießen und nun alles mit den klein geschnittenen Glasnudeln, Garnelen und Möhren vermengen. Koriander und Thai-Basilikum klein gehackt dazugeben.

VARIIER DOCH MAL

Wer keine Garnelen mag, kann das Gericht auch mit Hühnerfleisch zubereiten, sollte dann aber mit der Fischsauce ein wenig sparsamer umgehen.

KATHARINA | SALAT-QUEEN

DIE SALAT-QUEEN

Wer einen Blick in das Inhaltsverzeichnis geworfen hat, wird sofort erkennen, dass es ausgesprochen viele Salate bei meinen Rezepten gibt. Das liegt vor allem daran, dass ich sehr gerne Salat esse und mich im Laufe der Jahre in den unterschiedlichsten Salatformen ausprobiert habe. Besonders der Linsensalat erfreut sich bei meinen Gästen immer sehr großer Beliebtheit.

Ein weiterer Grund ist, dass Salate für unseren Dreh im Hochsommer perfekt waren, weil sie nicht so schwer im Magen liegen. Und auch in der Zubereitung haben Salate natürlich einige Vorteile.

Da sich unser Drehtag meistens von 7 Uhr morgens bis ungefähr 20 Uhr erstreckte, musste ich im Vorfeld überlegen, ob ich das Essen morgens um 5 Uhr oder abends nach 22 Uhr vorbereiten wollte. Bei den Salaten war das zum Glück anders und ich konnte mir die Zubereitung aufteilen.

So habe ich die Grundzutaten, wie zum Beispiel die Linsen, den Couscous oder auch die Nudeln bereits am Abend vorher gekocht. Am nächsten Tag musste ich dann nur noch die frischen Zutaten schneiden und die Sauce anrichten. Beim Kleinschneiden haben mir oft auch Teammitglieder geholfen, allen voran Christina Schwarz, die Set-Assistentin.

Drehen bedeutet in erster Linie aber auch zu warten, und so kam es, dass auch andere vom Team gerne mitgeholfen haben, zum Beispiel der Ton-Assistent Ron Klober oder der Macher von unserem „Making Of", Daniel Thomaser.

Die Salate sind also perfekt, wenn man abends viele Gäste hat, aber den ganzen Tag über arbeiten muss. Kein Problem, man kann schon am Vorabend mit den Vorbereitungen beginnen. Wer dann noch ein paar Freunde hat, die beim Schnippeln helfen – umso besser!

CHRISTINA | SCHNIPPEL-PROFI

DIE GESCHICHTE DAHINTER

MIT HUHN, SCHWEIN, RIND, GARNELEN ODER TOFU!

VARIIER DOCH MAL

In Sojaöl anbraten und mit Salz und Pfeffer würzen. In kleinen Schälchen zu der Suppe auf den Tisch stellen. Dazu kann man Glasnudeln oder Jasminreis servieren. Separat kochen, nicht in der Suppe, sonst wird es ein Pampf!

Wichtig:
Das Gemüse sollte bissfest und knackig sein. Darum sollte man alles erst klein schneiden, um es dann zusammen in die Pfanne zu geben.

DU BRAUCHST

Für 8-10 Personen:
1 rote Zwiebel
1 Knoblauchzehe
1 Bund Frühlingszwiebeln
5 große Möhren
1 Schale frische Champignons (250 g)
1 große Zucchini
1 Päckchen Kaiserschoten
1 rote Paprika
1 gelbe Paprika
1 gepresste Zitrone
1 Packung frische Mungobohnen-Sprossen
(keinesfalls aus der Dose – dann lieber weglassen!)
2 Dosen Kokosmilch
1 Glas Tom Kha Gewürzpaste
(aus dem Asia Shop deines Vertrauens)

UND MACHST ES SO

Zwiebeln, Frühlingszwiebeln und Knoblauch in Sojaöl anbraten. Die in Julienne-Streifen geschnittenen Möhren, Zucchini und die abgezogenen Kaiserschoten dazugeben. Mit Salz und Pfeffer würzen und mit Weißwein ablöschen.

Mit einem Liter kochendem Wasser aufgießen, dann die Tom Kha Gewürzpaste dazugeben. Jetzt die geviertelten Pilze und den Saft der gepressten Zitrone dazu. Sobald es richtig kocht, die Kokosmilch einrühren. Mit Sojasauce und süß-scharfer Sauce abschmecken.
Wer mag, kann frischen Koriander darüber streuen.

Die Sprossen mit kochendem Wasser überbrühen und dann portionsweise über die Suppe geben (nicht mitkochen).

MY LIE THAI SUPPE

ZUTATEN IN SOJAÖL ANBRATEN

DAZU GLASNUDELN SERVIEREN

PIZZA FANTASY

DU BRAUCHST

Für 6-8 Personen:

Der Teig

- 500 g Mehl (Dinkel oder Vollkorn)
- 1 Päckchen Trockenhefe
- ½ Liter lauwarmes Wasser
- 1 TL Salz

Der Belag

- 2 Dosen Pizza-Tomaten
- 5 eingelegte Tomaten
- 1 rote Paprika
- 1 gelbe Paprika
- 1 Zucchini
- 1 Zwiebel
- 1 kleine Dose Mais

Je nach Variation

- 1 Mozzarella
- 1 Päckchen Edamer (gerieben)
- 10 Scheiben Salami
- 1 Dose Thunfisch
- 1 Schale frische Champignons (250 g)

UND MACHST ES SO

Die Zutaten vermischen und zu einem Teig kneten. Eine halbe Stunde zugedeckt ruhen lassen. Dann den Teig sehr dünn ausrollen. Ich weiß, das kostet Kraft, aber es lohnt sich: Je dünner der Teig, desto knuspriger die Pizza!
Die gehackten Tomaten auf dem Pizzateig verteilen. Paprika in Streifen, Zucchini in Würfel und Zwiebeln in Ringe schneiden. Dann kurz in Olivenöl scharf anbraten und zusammen mit dem Mais auf der Pizza verteilen. Mit Salz, Pfeffer und Pizzakräutern kräftig würzen.

VARIIER DOCH MAL

- mit Salami und Edamer, sowie mit Cayenne-Pfeffer würzen
- mit Thunfisch und Edamer
- mit Mozzarella, Ziegenkäse (auch lecker: Gorgonzola), Edamer und Champignons

Variationen Laktosefrei

- mit Ziegenkäse, Oliven und eingelegten Tomaten
- mit Thunfisch und mit ein wenig Olivenöl beträufelt (Tipp: eine Handvoll Kapern dazu)
- mit Salami, Oliven und eingelegten Tomaten

IM VORGEHEIZTEN OFEN 15 MINUTEN BEI 200° BACKEN.
DU KANNST JEDE ECKE MIT EINER ANDEREN VARIATION BELEGEN.

IN MY FANTASY

In unserem Film geht es vor allem um die Liebe. Aber auch um die Schwierigkeit von Liebenden, sich die Wahrheit zu sagen.

LUCY (gespielt von mir) und OLE (Leander Lichti) verbringen an Ostern ein romantisches Wochenende auf dem Land. Was sie jedoch voneinander nicht wissen: Jeder von ihnen hat eine Affäre. Und es kommt, wie es kommen muss: Ausgerechnet an Ostersonntag stehen die beiden heimlichen Geliebten PETER (Sebastian Schwarz) und INA (Marie Burchard) vor der Tür.

Chaos, Verstrickungen und vor allem Lügen sind vorprogrammiert. Und während die Wahrheit keinen besonders großen Platz einnimmt an diesem Wochenende, werden die wirklichen Sehnsüchte der Figuren nur durch Songs ausgedrückt, die sie nach und nach aus sich herausbrechen lassen.

So auch bei INA, die sich eigentlich in ihrer Fantasie erträumt, mit OLE zusammenzukommen. Ihr Song heißt demnach auch „In my fantasy“ (geschrieben und komponiert von The Busters) und wurde zu unserer Hommage an ABBA.

Als ich den Song zum ersten Mal gehört habe, dachte ich: Das wird bestimmt die verrückteste Musical-Einlage in unserem Film. Marie ging sofort in dem Song auf und hatte jede Menge toller Ideen für die Umsetzung.

Da diese Musik-Szene sehr aufwendig war, mussten wir den Dreh auf mehrere Tage verteilen. Das führte wiederum dazu, dass der Song zu einem absoluten Ohrwurm wurde. Schon frühmorgens auf dem Weg zum Set pfiffen oder sangen einige immer vor sich hin: „I can paint the blue sky green, it's all in my fantasy ...“

Aus jedem und allem wurde plötzlich „fantasy“, so auch aus unserer Pizza. Denn als Matthias Matek Hofmeister, unser Kameramann, die verschiedenen Pizzavariationen beim Mittagessen sah, war das für ihn ganz klar die „Pizza Fantasy“.

Und auch wenn ich den Song am Set irgendwann nicht mehr hören konnte – ich werde wohl immer an ihn denken, wenn ich Pizza mache.

I CAN PAINT THE BLUE SKY GREEN,
IT'S ALL IN MY FANTASY . . . !

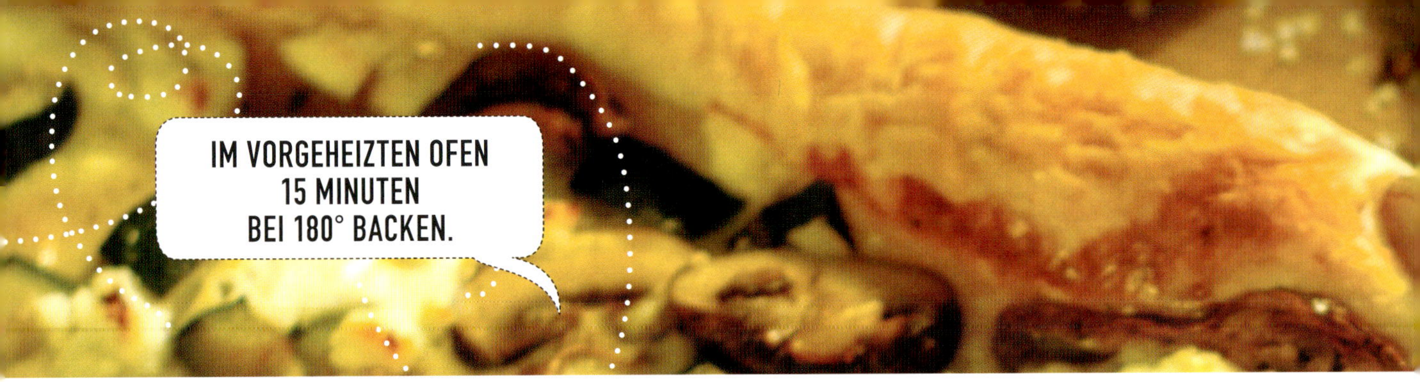

UND MACHST ES SO

Die Steinpilze in Wasser einweichen, 15 Minuten ziehen lassen. Zwiebel, Knoblauch, Pilze und Zucchini in Olivenöl andünsten und würzen (mit Salz, Pfeffer, getrockneten italienischen Kräutern, Cayenne-Pfeffer). Mit Weißwein ablöschen. Bei der Fleischvariante: Speck zusammen mit der Zwiebel anbraten.

Blätterteig auf Backpapier ausrollen und mit einer Gabel Löcher in den Teig stechen. Gebratenes Gemüse und die eingelegten Steinpilze darauf

QUICHE A LA KATHARINA

DU BRAUCHST

Für 4-6 Personen:
1 Rolle Fertig-Blätterteig
1 rote Zwiebel
1 Knoblauchzehe
1 Zucchini
250 g frische Champignons
1 Handvoll getrocknete Steinpilze
1 Becher Sahne
3 Eier
100 g Ziegenfrischkäse
oder 1 Päckchen Speckwürfel

verteilen. Sahne und das aufgefangene Steinpilzwasser mit den Eiern verquirlen und mit Salz, Pfeffer, Muskat würzen. Ziegenkäse auf das Gemüse bröckeln. Die Eier-Sahne-Mischung darauf verteilen. Backofen vorheizen und 15 Minuten bei 180° Umluft backen.

TARAS GEBURTSTAGSESSEN

- LACHS IN WEISSWEINSAUCE
- PUTE IN ORANGENSAUCE
- ROSMARINKARTOFFELN UND OFENKÜRBIS

LACHS IN WEISSWEINSAUCE

DU BRAUCHST

Für 6 Personen:
6 Wildlachsfilets
1 große Zwiebel
1 Zucchini
½ Sellerieknolle
3 Selleriestangen
1 Knoblauchzehe
1 Handvoll Kapern
1 Handvoll grüner Oliven (ohne Steine)
Saft einer Zitrone
10 Kirschtomaten
1 Bund Petersilie

UND MACHST ES SO

Den Lachs in Olivenöl anbraten. Aus der Pfanne nehmen und mit Zitrone beträufeln. Im selben Öl Zwiebeln, Knoblauch, Sellerie und Zucchini anbraten. Kirschtomaten dazugeben und alles mit Weißwein ablöschen. Würzen mit Salz, Pfeffer, einer Prise Zucker, Thymian und Oregano.
Den Lachs auf das Gemüsebett legen und eine Viertelstunde köcheln lassen. Kurz bevor alles fertig ist: Kapern und Oliven dazugeben.

DU BRAUCHST

Für 6 Personen:
1 großes Stück Putenbrustfilet (ca. 1 kg)
1 EL Senf
3 Paprika (Ampel)
1 Apfel (geschält)
½ Liter Orangensaft
1 Knoblauchzehe
Süß-scharfe Sauce
frischer Thymian
frischer Oregano

PUTE IN ORANGENSAUCE

UND MACHST ES SO

Die Putenbrust mit Senf bestreichen und in heißem Sojaöl scharf anbraten. Mit Salz und Pfeffer würzen. Die Putenbrust aus der Pfanne nehmen und die in Julienne-Streifen geschnittenen Paprika zusammen mit Zwiebeln, Knoblauch sowie dem klein geschnittenen Apfel im entstandenen Sud anbraten.

Frischen Thymian und Oregano hinzufügen, mit Weißwein ablöschen.

Die Putenbrust nun wieder in die Pfanne legen und mit Orangensaft aufgießen. Zwei Esslöffel süß-scharfe Sauce dazugeben und eine Stunde schmoren lassen.

DU BRAUCHST

1 kg kleine Kartoffeln
1 Hokkaido-Kürbis
4-5 Knoblauchzehen
1 Bund Rosmarinzweige
Paprikapulver
Salz und Pfeffer
Olivenöl

ROSMARINKARTOFFELN OFENKÜRBIS

UND MACHST ES SO

1 kg kleine Kartoffeln waschen, halbieren und auf dem Blech verteilen. Den Kürbis waschen und das Kerngehäuse entfernen. Jetzt in daumenbreite Spalten schneiden und zusammen mit den Kartoffeln auf dem Blech verteilen.

Ein paar Knoblauchzehen mit Schale dazwischenlegen und darüber frische Rosmarinzweige verteilen. Mit Salz, Pfeffer und Paprikapulver würzen.

Etwas Olivenöl darüberträufeln und im vorgeheizten Ofen eine Dreiviertelstunde bei 200° mit Umluft backen, bis die Kartoffeln knusprig sind.

GEBURTSTAGSESSEN VERDIENT!

DIE GESCHICHTE DAHINTER

DAS BESONDERE ESSEN

Wie man schon an den Zutaten merkt, war dies ein exklusiveres Essen. Aber wir hatten auch einen guten Grund, endlich mal über unsere Verhältnisse zu kochen: Unsere Produktionsleiterin Tara Biere hatte während der Drehzeit Geburtstag.

Produktionsleitung bei einem Dreh wie unserem muss man sich so vorstellen: Täglich vier Stunden (mit viel Glück vielleicht auch mal sechs Stunden) schlafen, keine Pausen und immer ein Auge auf alles werfen. Morgens muss man als Erste am Set sein – wenn es geht mit einer Tüte warmer, duftender Brötchen unter dem Arm und einem Lächeln auf den Lippen.
Während der Rest des Teams versucht, Szene für Szene in den Kasten zu bekommen, sitzt sie am Computer, bearbeitet Rechnungen, um die Kontrolle über alle Ausgaben zu behalten. Am Abend muss sie dann noch mit der Regieassistenz die Disposition für den nächsten Tag festlegen, so dass wieder alle rechtzeitig am Set eintreffen.

Sollten plötzlich Probleme auftauchen, wie zum Beispiel ein Stromausfall (der uns an einem vermeintlich geruhsamen Sonntag einen halben Drehtag gekostet hat), so ist es auch hier die Produktionsleitung, die Lösungen finden muss. Und am Abend, wenn zum Drehschluss geläutet wird, sollte noch mit den Produzenten über den aktuellen Stand der Finanzen gesprochen werden.
Ehe man sich versieht, geht es auch schon wieder von vorne los: Die Dispo für den nächsten Tag!

Wer, wenn nicht Tara, hätte sich dieses Geburtstagsessen verdient?

THE BUSTERS RÜHREIER

DU BRAUCHST

Für 15 Personen:
30 Eier
3 Zwiebeln
3 Schalen Kirschtomaten (à 250 g)
3 Schalen frische Champignons (à 250 g)
3 Bund Schnittlauch

TEILE DAS GANZE DURCH 3
UND DU HAST EIN KATERFRÜHSTÜCK
FÜR 5 FREUNDE.

UND MACHST ES SO

Zwiebeln, Tomaten und Pilze in Würfel schneiden und in Olivenöl anbraten. Kräftig würzen mit Salz und Pfeffer und zwei Esslöffel süß-scharfe Sauce unterrühren. Dann die verquirlten Eier und den gehackten, frischen Schnittlauch unter Rühren dazugeben.

VARIIER DOCH MAL

Wenn du lieber Omelette isst, kannst du das Ganze auch wie einen Pfannkuchen in der Pfanne braten und einmal wenden.

Aber auch bei der Omelette-Variante gab es unter den Bandmitgliedern unterschiedliche Vorlieben:

Carlos, der Spanier, mochte es gerne gut durchgebraten und natürlich mit ordentlich Speck. Lisa und viele von den Busters schlossen sich dem an, aber für Matthias, den Saxofonisten, mussten ein paar Schafskäsewürfel über das Omelette gestreut werden. Schramme, der Organist und Background Vocalist, mochte es dagegen etwas exklusiver mit ein paar eingelegten Tomaten und Kapern (wirklich eine Versuchung!). Für unseren Schlagzeuger und Komponisten Stefan Breuer, der vier Songs für unseren Film geschrieben hat, musste hingegen reduziert werden. Er ließ das ganze Gemüse weg – ihm ging es nur um die Eier!

DER GROSSE EIERSPASS!

An diesem Tag stand der Drehtag ganz im Zeichen des Ostereis. Unsere Schauspieler mussten einige Szenen und Einstellungen drehen, in denen sie Eier ausbliesen. Auch Fritz Roth, der in dem Film einen philosophischen Klempner spielt, kam in den Genuss. Am Ende des Tages hatten wir dann fast 30 Eier ausgeblasen und so war die Grundlage für unsere Busters Rühreier geschaffen, die uns über unseren vorletzten Drehtag retten sollten.

LEANDER LICHTI

FRITZ ROTH

THE BUSTERS ALIAS LYING BUSTER CATS

Der vorletzte Drehtag war einer unserer aufwendigsten. Es stand die Abschluss-Szene an, in der eine elfköpfige Band auftritt, um der gehörlosen NELLIE (Anja Knauer) ein Liebeslied vorzutragen.
Für unsere Filmband konnten wir die Ska-Legende „The Busters“ engagieren, die Sängerin von „Black Cat Zoot“, Lisa Milla, und den extra aus Spanien eingeflogenen Schauspieler Carlos Val. Gemeinsam formierten sie sich für unseren Film zu den „Lying Buster Cats“.
Es war also ungewöhnlich viel los am Set, was nicht nur die allgemeine Dreh-Koordination schwieriger machte, sondern natürlich waren auch die Anforderungen an das Catering höher als gewohnt. Auf einen Schlag waren doppelt so viele Leute wie sonst zu bekochen.
Aber zum Glück hatten wir ja noch 30 ausgeblasene Eier vom Vortag. Und eigentlich konnte es ja auch nicht angehen, dass wir nun schon seit 17 Drehtagen Ostern „spielten“, ohne ein einziges Mal Eier gegessen zu haben!

CARLOS VAL

ANJA KNAUER

IM VORGEHEIZTEN OFEN
30 BIS 45 MINUTEN
BEI 180° BACKEN.

DU BRAUCHST

Für 10 Personen:
3 Tassen Mehl (Dinkel oder Vollkorn)
3 Eier
1 Tasse Zucker
1 Päckchen Vanillezucker
1 TL Zimt
1 Tasse Sprudelwasser
1 Tasse Sojaöl
1 Päckchen Mandeln (in Stiften)
1 Tafel Bitterschokolade (klein gehackt)
1 Glas Kirschen (ohne Steine)
3 EL Kirschwasser

KIRSCH-SCHOKO-KUCHEN

UND MACHST ES SO

Alles miteinander verquirlen und in eine Backform geben. Je nachdem, wie hoch die Form ist, eine halbe bis Dreiviertelstunde bei 180° backen.

Den fertigen Kuchen mit Puderzucker bestäuben oder eine Schokoglasur darüber geben, die du mit gehackten Pistazien verzieren kannst.

VARIIER DOCH MAL

Mit diesem Basis-Teig kannst du eigentlich alles machen. Statt Kirschen kannst du ein Päckchen gefrorene Beeren nehmen oder du tauschst Kirschen und Schokolade gegen eine Dose Pfirsiche und ein Päckchen Rohmarzipan. Dann würde ich statt Kirschwasser eher Amaretto empfehlen. Du kannst auch die Mandeln mit Butter und Zucker karamellisieren und statt Kirschen frische Apfelstückchen nehmen (dann aber die Schokolade weglassen). Wenn du keine Früchte magst, kannst du einen reinen Schokokuchen backen.

KUCHEN SIND WIE LAMPEN!

MARCO RIEDL
OBERBELEUCHTER

DIE ERLEUCHTUNG

Gegen Drehende, als dem gesamten Team so langsam die Kräfte ausgingen, war klar, dass es am nächsten Tag neben dem normalen Catering dringend mal wieder eine süße Abwechslung brauchte. Dafür war ein leckerer Kuchen natürlich perfekt. Ich wollte aber auf keine der oben beschriebenen Variationen zurückgreifen, sondern unbedingt etwas Neues ausprobieren, hatte aber nicht einmal mehr Bitterschokolade als Zutat zur Hand. So stand ich abends nach Drehschluss etwas ratlos in der Küche unseres Haupthauses.

In diesem Moment kam Marco J. Riedl, unser Oberbeleuchter und größter Kuchen-Fan, herein – ihm wird nachgesagt, dass er bei dem Dreh vor allem dabei gewesen sei, weil er wusste, dass es wieder den Schoko-Kirsch-Kuchen geben würde. Als er meine Ratlosigkeit sah, sah er die Aussicht auf einen Kuchen schwinden. Hoffnungsvoll öffnete er unsere Süßigkeiten-Box und deutete auf die Reste unserer Mars- und Snickers-Vorräte. Er schlug mir in seiner charmant-bayrischen und vor allem lauten Art vor: „Kathl, da nimmst halt a bissl vo dem Mars doa, hackst's kloi und doast's anstell da Bitterschoglad eine. Und scho hast was Neis! Des is wia, wenn du af'na Lamp'n an Filter affeknallst! Es moa halt ner der Richtige sa, dann hast a bess'as Leycht als vorher!“ Und tatsächlich – das war die Erleuchtung, die ich brauchte.

2

JONAS GROSCH
DREHBUCH UND REGIE

ONG SETZT EIN
unter dem Bett ein Oste
in Ei auf dem steht:
E LÜGE"
8:30
Hotel,

DU BRAUCHST

Für 5-6 Personen:
1 kg Kirschtomaten
1 kg Spaghetti
2 Knoblauchzehen
1 Zwiebel
8 EL Olivenöl
100 g Tomatenmark
frischer Basilikum

PASTA KIRSCHTOMATE

UND MACHST ES SO

Die Kirschtomaten vierteln und in eine kleine Schüssel geben. Das Olivenöl darüberträufeln. Die gepressten Knoblauchzehen, Salz und Pfeffer hinzufügen. Ein bisschen Oregano und Majoran dazu sowie eine kleine Prise Zucker. Ordentlich umrühren und ca. 15 Minuten ziehen lassen.
Etwas Öl in einer Pfanne erhitzen und das Nudelwasser aufsetzen. Sobald es kocht, Salz hinzufügen und die Spaghetti hineingeben. Die gewürfelten Zwiebeln sowie das Tomatenmark in dem heißen Öl kurz anbraten.
Dann die eingelegten Kirschtomaten darübergeben und solange kochen lassen, bis auch die Nudeln fertig sind. Am Ende über die Sauce ein paar frische Basilikum-Blätter geben. Solltest du kein frisches Basilikum haben, kannst du schon vorher getrocknetes zusammen mit dem Oregano und dem Majoran zu den Kirschtomaten geben.

VARIIER DOCH MAL

Um dieses schnelle Gericht noch abzurunden, hier noch zwei Empfehlungen: Wer Meeresfrüchte mag, kann zusammen mit den Zwiebeln und dem Tomatenmark auch noch Garnelen anbraten, die dann mit den Kirschtomaten bissfest gekocht werden.

Auch für Vegetarier lecker: kleine Mozzarella-Würfel über das fertige Gericht verteilen.

DIE GESCHICHTE DAHINTER

DER KOPF DAHINTER

Jonas Grosch, ein Name, den man sich merken sollte. Bevor er das Drehbuch zu unserem Film „Die letzte Lüge" schrieb, brachte er den Dokumentarfilm „Der Weiße mit dem Schwarzbrot" und die Spielfilm-Komödie „Résiste! Aufstand der Praktikanten" heraus. Damit er uns auch weiterhin mit solch guten Filmen versorgen kann, braucht er wöchentlich eine Dosis seiner allseits berüchtigten Kirschtomatensauce, die er ganz professionell im Handumdrehen herstellt. Und weil er darin schon so geübt ist, hat er auch dem Letzte-Lüge-Team zum Abschlussfest eine ordentliche Portion Kirschtomatensauce aufgetischt. Bei jedem guten Filmdreh gibt es ein Berg- und ein Abschlussfest. Das Bergfest wird gefeiert, sobald man „über den Berg" ist, das heißt, dass die Hälfte der Drehzeit geschafft ist. Und beim Abschlussfest darf dann endlich so richtig geschlemmt und getrunken werden.

Weiter so, Herr Grosch. Wir brauchen Ihre Filme und natürlich auch die passende Sauce dazu!

automatic
manual

3

MATTHIAS MATEK HOFMEISTER
KAMERA

ZUM SERVIEREN
MIT DEN WEINTRAUBEN BELEGEN!

OBAZDA

DU BRAUCHST

Für 6 Personen:
1 reifer Romadur
1 weicher Camembert
2 weich gekochte Eier
125 g Butter
Salz, Pfeffer, Paprika
1 Schuss Weißwein
halbierte grüne Weintrauben

UND MACHST ES SO

Den Camembert, Romadur und die Butter gut eine Stunde vorher aus dem Kühlschrank nehmen und klein schneiden. Bei Zimmertemperatur lassen sie sich leichter verarbeiten.

Jetzt alle Zutaten mit einer Gabel in einer Schüssel zerdrücken und cremig rühren. Würzen und nach und nach ein wenig Weißwein hinzugeben.

SERVIERE DAZU FRISCHE BRÖTCHEN, BREZELN ODER SCHWARZBROT!

Berliner in Bayern

Ein Berliner Filmteam in Bayern. Allein das wäre schon einen Film wert: „Willkommen bei den Oberfranken" könnte er heißen. Die arroganten Großstädter treffen auf die kleinbürgerlichen Dörfler. Doch entgegen aller Klischees war genau dieser „kulturelle Austausch" für uns alle eine schöne und auch sehr amüsante Erfahrung.

Das komplette Filmteam und die Schauspieler waren für vier Wochen in kleinen Ferienwohnungen in Forchheim untergebracht. Das 30.000-Seelen-Städtchen war nur zehn Kilometer von unserem Drehort entfernt und die Heimat unseres Kameramanns Matek.

Wir hatten mit Matek also einen hilfreichen Fremdenführer und Übersetzer – für den schwer verständlichen Dialekt.

Gemeinsam mit Jonas war Matek bereits vor Drehbeginn sehr oft in Forchheim und unserem dort angrenzenden Drehort Heroldsbach. Bei der Motivsuche hat uns Mateks Verwurzelung in der Region sehr geholfen: Das Haus, in dem wir unseren Film über die Liebe und das Lügen gedreht haben, gehört der Mutter seiner ersten Jugendliebe und immer noch engen Freundin der Familie.

So wurde der Ort, an dem unser Kameramann seinen ersten Kuss erlebt hat, nun zum Set. Herrlich! Aber zurück zur eigentlichen Geschichte:

Ein Großteil der Arbeit von Kameramann und Regisseur findet oft bereits vor dem Dreh statt. Sie begehen das Motiv, entwerfen ein Grundkonzept für den Look des Films und legen oft auch schon Kameraeinstellungen für Szenen

Die Geschichte dahinter

ENDLICH MAL WAS HANDFESTES ...
BEI ALL DEN SALATEN!

MATTHIAS MATEK HOFMEISTER
KAMERAMANN

fest (die sogenannte „Auflösung“). Während dieser Vorbereitungsphase – aber auch während des gesamten Drehs – konnten wir die Kontakte von Matek in seiner ehemaligen Heimat besonders gut nutzen.
So kannte man uns beim Bäcker bereits nach zwei Tagen mit Namen, die Nachbarschaft unserer Ferienhäuser wusste, dass es abends auch ein bisschen später werden konnte, und der Besitzer der Brauerei Nikl, unser Getränkesponsor, freute sich, wenn unsere Produktionsleiterin Tara Nachschub bei ihm orderte.
Besonders hilfsbereit aber waren die Hofmeisters, also Mateks Familie. Denn nicht nur, dass sie zwei Teammitgliedern für den gesamten Dreh Unterschlupf gewährten.

Sie bereiteten auch das eine oder andere Mal ein leckeres Mittagessen für uns zu. Besonders eingeschlagen hat bei uns der frisch aufgetischte Obazda. In Berlin kennt man den höchstens aus dem Laden, was in keiner Weise mit dem selbst gemachten zu vergleichen ist. Insofern ist dieses Rezept ein ganz besonderer Tipp. Und wie Matek treffend bemerkte: „Endlich mal was Handfestes – bei all den Salaten ...“ Und für uns war es eine willkommene deftige Abwechslung zu den Salaten.

4

DOROTHEE SWINKE
REGIEASSISTENZ

IM VORGEHEIZTEN OFEN
15 MINUTEN BEI
180 – 200° BACKEN.

BLÄTTERTEIGSCHNECKCHEN

DU BRAUCHST

Für 8-10 Personen:
3 Rollen Fertig-Blätterteig
400 g geriebener Käse (Emmentaler)
250 g Schwarzwälder Schinken
(in Scheiben)

1 Packung TK-Spinat
(gewürzt, in Einzelportionen)
200 g Schafs- oder Ziegenkäse
100 g Pinienkerne

SCHMECKEN LAUWARM AM BESTEN!

UND MACHST ES SO

Zunächst den Schinken klein schneiden. Eine Blätterteigplatte ausrollen und ein wenig auseinanderziehen.
Nun den geriebenen Käse und die Schinkenstreifen gleichmäßig auf dem Blätterteig verteilen.
Die Platte jetzt längs aufrollen, so dass eine Wurst entsteht. Die Enden leicht zusammendrücken. Scheiben von knapp 2 cm abschneiden und mit der Schnittkante nach oben auf einem mit Backpapier ausgelegten Backblech verteilen. Man sollte genügend Abstand zwischen den Schneckchen lassen, da der Teig beim Backen stark aufgeht.

Bei 180° bis 200° etwa 15 Minuten backen, bis der Teig leicht gebräunt ist.

VARIIER DOCH MAL

Wenn du zu der Fraktion der Vegetarier gehörst, kannst du den Schinken auch durch Spinat ersetzen. Dazu passt dann aber eher Schafs- oder Ziegenkäse.
Den noch leicht gefrorenen Spinat klein hacken und zusammen mit dem Käse gleichmäßig auf der Blätterteigplatte verteilen.
Zum Schluss kannst du das Ganze noch mit Pinienkernen garnieren.

SCHNELL, UNKOMPLIZIERT UND ERGEBNISORIENTIERT.

DORO SWINKE
REGIEASSISTENZ

DORO UND TARA

DIE GESCHICHTE DAHINTER

DREHEN IST WIE ESSEN

Schnell und unkompliziert und ergebnisorientiert. Dieses Motto steht über der Herstellung von Blätterteigschneckchen. Kein Zufall also, dass dieses Rezept von unserer Regieassistentin Dorothee Swinke stammt.

Denn genau das sind die Eigenschaften, die Doro besonders während der Drehzeit auszeichneten. Als Regieassistentin ist sie eigentlich für alles und jeden zuständig.

Sie muss schnell Entscheidungen treffen, wenn beispielsweise der Drehplan wegen unvorhersehbarer Wettereinbrüche durcheinandergerät oder ein Schauspieler plötzlich ausfällt. So wie Veit Norek, der den existentialistischen Klempner RONNIE spielte und direkt an seinem ersten Drehtag durch eine kleine falsche Bewegung einen Hexenschuss bekam. Also musste schnell ein Alternativplan her, der in Doros Aufgabenbereich fiel. So wurde innerhalb kürzester Zeit umdisponiert und eine andere Szene vorgezogen.

Als Regieassistenz muss man auf Unplanmäßiges reagieren und notwendige Änderungen dann an alle beteiligten Abteilungen weiterkommunizieren. Und das so effektiv und unkompliziert wie möglich.

Zu guter Letzt stand sie dann noch ergebnisorientiert jedem zur Seite, der sie brauchte. Allen voran Jonas, der ohne ihren Überblick und ihre Strukturiertheit das eine oder andere Mal aufgeschmissen gewesen wäre. Ein unvergleichlicher Einsatz!

Und danke für die Blätterteigschneckchen.

5

FRANK BOHN
KOSTÜMBILD

chenFEE

DU BRAUCHST

Für 4 Personen:
2 schwarze Avocados
(einfacher zu verarbeiten als die Grünen!)
1 Becher Meerrettich-Frischkäse-Creme
(z.B. „Miree“)
Salz
Pfeffer

AVOCADO-MEERRETTICH-CREME

UND MACHST ES SO

Die Avocados schälen, zerkleinern und mit der Meerrettich-Creme verrühren. Jetzt nur noch mit Salz und Pfeffer nach Bedarf würzen. Fertig!

LIFT YOUR LEGS UP

DU BRAUCHST

Für 6-8 Personen:
10 Hühnerbeine
1 ungespritzte Orange
1 rote Zwiebel
125 g Butter
Parmesan

UND MACHST ES SO

Die Hühnerbeine in einer runden Auflaufform schön im Kreis drapieren. Eine erste Prise Salz und Pfeffer darübergeben. Dann die Orange schälen, in Scheiben schneiden und zwischen den Hühnerbeinen verteilen. Die Butter flockenweise auf den Hühnerschenkeln verteilen, dann erneut vorsichtig mit Salz und Pfeffer bestreuen.
Zu guter Letzt die Auflaufform locker mit Alufolie abdecken und ab in den Ofen!

60 Minuten bei 200° abgedeckt garen lassen. Danach die Folie abnehmen und die Hühnerbeine mit Parmesan bestreuen. Dann gehen sie noch einmal für 30 Minuten in den Ofen zurück, bis sie goldbraun und knusprig gebacken sind.

VORISCHT:
UNTER DER FOLIE HAT SICH HEISSER DAMPF GEBILDET!

VARIIER DOCH MAL

Wer es gern schärfer mag, hackt eine Chili-Schote in feine Stücke und streut sie über das Gericht. Statt der Orange können auch Honig und Rotwein hinzugegeben werden.

IM VORGEHEIZTEN OFEN
90 MINUTEN BEI 200° BACKEN

KARTOFFELSALAT

DU BRAUCHST

Für 8-10 Personen:
1 kg festkochende Kartoffeln
1 Zwiebel
3 Eier
125 ml Weißweinessig
150 ml Gemüsebrühe
2 Salatgurken
150 g Naturjoghurt
250 g Quark
1 Bund Petersilie
10 Blätter frischer Salbei

UND MACHST ES SO

Die Kartoffeln kochen, pellen und abkühlen lassen. In der Zwischenzeit die Gurken in Scheiben schneiden, dann die kalten Kartoffeln. Den Weißweinessig mit der Brühe aufkochen.
Jetzt die feingehackten Zwiebeln dazugeben. 5 Minuten köcheln lassen, dann zum Abkühlen vom Herd nehmen. Die Petersilie mit dem Salbei feinhacken. Alles vorsichtig miteinander vermengen.

VARIIER DOCH MAL

Wer es gerne etwas deftiger mag, kann Speckwürfel und feingehackten Knoblauch anbraten und unterheben.

DES KOCHS NEUE KLEIDER

Frank Bohn, unser Kostümbildner, war sofort von der Idee begeistert, dass jedes Teammitglied neben seiner üblichen Rolle oder Funktion noch weitere Aufgaben übernehmen würde. Er war auch der Erste, der sich anbot, ein Gericht für das Catering vorzubereiten. Gleich am ersten Drehtag bereitete er uns diese herrliche Avocado-Creme zu, die perfekt in das sommerliche Klima passte.

Von Anfang an stand fest, dass Frank nach der Hälfte der Drehzeit zu einem anderen Projekt zurück nach Berlin fahren musste. Zum Abschied gab es dann ein zweites Gericht von ihm: Im Rahmen eines kleinen Grillfestes im Garten bereitete er uns die herrlichen Hühnerbeine und den Kartoffelsalat zu.

Kostümbildner müssen nicht die komplette Drehzeit anwesend sein. Die Hauptarbeit findet bereits einige Wochen vor Drehbeginn statt. So auch für „Die letzte Lüge“. Frank entwickelte anhand des Drehbuchs die ersten Ideen für die Kostüme der Schauspieler. Seine Vorstellungen, die sogenannten „moods“, hat er dann mit Jonas besprochen und mit ihm den Look für die Figuren festgelegt. Bei jeder Rolle wird mir erneut bewusst, wie entscheidend ein Kostüm für die Prägung einer Figur ist, die man spielt. Ob enges Kleid oder lockere Jeans, ob dunkle oder kräftige Farben – solche Faktoren bestimmen, wie ein Charakter auf den ersten Blick wirkt, und tragen stark dazu bei, wie eine Figur vom Publikum aufgenommen wird.

Aber nicht nur das Kostüm einer einzelnen Figur muss in sich stimmig sein. Sondern alle im Film vorkommenden Kostüme sollten eine harmonische Einheit bilden. Dieser Look, der dem Grundton der Geschichte (komödiantisch, dramatisch, spannend) entsprechen muss, ist der wichtigste Verantwortungsbereich des Kostümbildners.

DIE GESCHICHTE DAHINTER

Als Frank uns dann verließ, stieß Andrea Baran als Garderobiere zu uns. Sie ist die ausführende Hand des Kostümbildners. Zu ihren Aufgaben gehört es, alle Kostüme für den Drehtag bereitzustellen und aufzubereiten (waschen, bügeln etc). Vor jedem Take muss sie überprüfen, ob die Kleidung der Schauspieler mit der vorhergehenden oder der folgenden Szene übereinstimmt (war das Hemd zum Beispiel offen oder zugeknöpft?). Aber manchmal warteten auch ungewöhnliche Aufgaben auf sie. Wie zum Beispiel in der Badewannenszene, in der Sebastian Schwarz bloß das Adamskostüm trug und Andrea damit beauftragt war, seine Männlichkeit in Badeschaum zu hüllen.

FRANK BOHN
KOSTÜMBILDNER

ANDREA BARAN
GARDEROBIERE

6 MARTINA KASPER
SCRIPT/CONTINUITY

KÄSESPÄTZLE
OSTERZOPF
QUICHE LORRAINE

KÄSESPÄTZLE

DU BRAUCHST

Für 4 Personen:
5 Eier
Mehl (nach Bedarf)
Salz
1-2 Päckchen geriebener Emmentaler (je nach Vorliebe)
1 Zwiebel

SPÄTZLE SELBST HERZUSTELLEN, GEHT SCHNELLER UND EINFACHER, ALS MANCH EINER GLAUBEN MAG!

UND MACHST ES SO

Man setzt einen großen Topf mit Wasser auf, gibt Salz hinzu, stellt den Backofen an und beginnt mit der Zubereitung des Teigs: Die Anzahl der Eier richtet sich nach der Zahl der Personen plus ein Ei, bei 4 Personen sind das also 5 Eier. Die Eier in einer Schüssel aufschlagen. Dann gibt man nach und nach Mehl hinzu, bis ein zäher Teig entsteht.
Bis dahin wird das Wasser kochen, der Backofen hat vorgeheizt, und es kann losgehen:
Mit einem Spätzlehobel (für „Knöpfle“) oder einer Kartoffelpresse wird der Teig nach und nach in das Salzwasser gegeben. Kurz umrühren und warten, bis die Spätzle im kochenden Wasser nach oben steigen. Jetzt fischst du sie mit einem Sieb aus dem Wasser, gibst sie in eine ofenfeste Schüssel und bedeckst sie großzügig mit Emmentaler.
Diesen Vorgang wiederholst du, bis alle Spätzle in der Schüssel sind. Die oberste Schicht bildet wieder der Emmentaler.
Die Schüssel noch etwa 10 Minuten in den Ofen stellen. Währenddessen die klein geschnittene Zwiebel braun anbraten und sie vor dem Servieren oben auf die Kässpätzle geben. Dazu ein grüner Salat, fertig!

IM VORGEHEIZTEN OFEN 10 MINUTEN BEI 200° BACKEN

Tipp:
Möchtest du die Spätzle als Beilage zu Fleisch und Gemüse, dann schreck sie kurz mit heißem Wasser ab, nachdem du sie aus dem Wasser geholt hast, und brate sie zum Schluss in einer heißen Pfanne mit etwas Butter leicht an.

DIE SPECIAL EFFECT MARTINA

„Spätzle an Ostern?", fragt sich PETER (Sebastian Schwarz) in dem Film – aber genau das wünscht sich sein Widersacher OLE (Leander Lichti), weil es sein Lieblingsessen ist. Es ist das erste Gericht in diesem Kochbuch, das auch tatsächlich im Film vorkommt. Wir haben es allerdings zunächst nicht im Catering-Plan gehabt. Aber Martina Kasper – unser wunderbarer Script-/Continuity-Import aus dem Schwabenländle – bestand darauf, die Spätzle nicht nur als Attrappe für den Film herzustellen, sondern nach Mutters Originalrezept.
Martina war der Überzeugung, dass jeder echte Schwabe ein Spätzle-Plagiat sofort erkennen würde – sprich, wenn die Spätzle nicht handgemacht gewesen wären. Und das konnte sie mit ihrem Gewissen nicht vereinbaren. Wir versuchten, sie davon abzubringen, da die Spätzle – wie im Drehbuch beschrieben – sogar verbrannt sein sollten. Aber nein. Auch wenn sich verkohlte Spätzle für Martina schon an der Grenze der Blasphemie bewegten, arbeitete sie an dem Teig sogar noch spät in der Nacht, um die Spätzle dann endlich in den frühen Morgenstunden im Ofen schwarz werden zu lassen.
Nun kam es aber noch schlimmer. Denn wie so oft bei diesem Dreh hatten wir wieder einmal eine spontane Idee: Aus den verbrannten sollten plötzlich brennende Kässpätzle werden. Wie sollten wir Martina das beibringen?
Als wir diesen Einfall um 7:30 Uhr morgens der gerade ins Set eintrudelnden Martina eröffneten, überraschte sie uns alle erneut. Anstatt wie erwartet zusammenzubrechen, behielt sie ihre stahlharten Nerven und wusste sofort, wie wir die verkohlten Spätzle entsprechend zu präparieren hatten. „Ganz einfach mit Grillanzünder!", flötete sie triumphierend.
Christina besorgte schnell das entsprechende Brennwerk an der Tankstelle, und Martina machte sich ans Werk. Eine halbe Stunde später also stand

DIE GESCHICHTE DAHINTER

ANJA KNAUER

unsere Special-Effects-Frau voller Tatendrang in der Küche und höhlte ihre frisch verbrannten Spätzle vorsichtig aus, um dann mehrere Grillanzünder zwischen ihnen zu verstecken. Pünktlich zur ersten Einstellung mit NELLIE (Anja Knauer), die die verbrannten Käsespätzle aus der Küche herbeibringen sollte, loderten die Flammen über den Spätzle lichterloh.

Ich kommentiere als Figur LUCY mit Blick auf die Spätzle: „Immerhin haben wir uns Mühe gegeben!" Und nicht nur das. Wir haben es geschafft, ein wirklich leckeres Rezept zu ruinieren. Und deswegen sollte man es jetzt in Ruhe nachkochen. Ohne Grillanzünder. Es lohnt sich!

GANZ EINFACH ... MIT GRILLANZÜNDER!

MARTINA KASPER
SCRIPT/CONTINUITY

DU BRAUCHST

Für 10 Personen:
500 g Mehl
20 g frische Hefe (½ Würfel)
¼ Liter Milch
100 g Margarine
50 g Zucker
2 Eier
1 Eigelb
Mandelblättchen

OSTERZOPF

UND MACHST ES SO

Mehl in eine große Schüssel geben und mit dem Löffel eine Kuhle bilden, in die man lauwarme Milch gibt. Darin löst man die Hefe auf. Erst danach alle anderen Zutaten hinzugeben und zu einem festen Teig kneten. Diesen an einem warmen Ort (z.B. auf der Heizung) etwa eine Stunde gehen lassen.
Anschließend den Teig in drei gleich große Stücke aufteilen, diese zu Würsten rollen und zu einem etwa 30 cm langen Zopf flechten. Die Enden jeweils nach unten einschlagen.
Dann mit Eigelb bestreichen und nach Belieben mit Mandelblättchen bestreuen.
Den Zopf auf ein mit Backpapier ausgelegtes Blech legen und im vorgeheizten Ofen goldbraun backen.

IM VORGEHEIZTEN OFEN
30 MINUTEN
BEI 180° BACKEN

LEANDER LICHTI UND SEBASTIAN SCHWARZ

Was wäre Ostern ohne Osterzopf? Auf jeden Fall um eine Tradition ärmer. Deswegen musste diese Speise natürlich auch in unserem Film auftauchen: Unsere Hauptfiguren essen also in einer der Szenen gemeinsam Osterzopf und trinken Eierlikör dazu – was sonst?
In dieser Szene offenbart INA, dass sie keinen Eierlikör mehr trinke. Was andeuten soll, dass sie von OLE schwanger ist. PETER verfolgt gebannt, wie diese Nachricht von OLE und LUCY aufgenommen wird. Dabei isst er unentwegt Osterzopf.
Solche Szenen sind für Script/Continuity eine besondere Herausforderung. Wenn eine Essensszene mehrmals gedreht wird , muss jedes Mal am Anfang wieder dieselbe Menge Essen auf dem Tisch stehen. Das heißt, der Osterzopf musste immer

DIE GESCHICHTE DAHINTER

gleich groß sein, egal wie oft der Schauspieler im vorhergehenden Take davon schon abgebissen hat. Also sollten vor Drehbeginn genug Osterzöpfe vorhanden sein, die sich zum Verwechseln ähnlich sehen. Denn es kann schon mal passieren, dass solch eine Szene bis zu zehn Mal wiederholt werden muss. Dann braucht man natürlich auch zehn fast identische Osterzöpfe.
Nun hatten wir auch hier zum Glück Martina. Sie hat nicht nur dieses leckere Rezept in die Runde mit eingebracht, sondern gleich mehrere Osterzöpfe für diesen Drehtag vorbereitet.
Wir waren also gut ausgerüstet, als es losging – eigentlich. Sebastian Schwarz (PETER) schmeckte der Osterzopf allerdings so gut, dass er schon bei den Proben „alles gab" und ein Stück nach dem anderen hinunterschlang. Währenddessen wurde Martina immer nervöser, weil der Vorrat an Osterzöpfen dramatisch zusammenschmolz und wir noch keine einzige Einstellung im Kasten hatten. Doch als dann endlich die erste Klappe fiel, tat sich noch ein ganz anderes Problem auf: Wenn man mehr und mehr von dem leckeren Hefezopf isst, wird das auf die Dauer doch ein wenig trocken.
Den ersten Take musste Sebastian abbrechen, weil sein Mund so ausgetrocknet war, dass er seinen Text nicht mehr sagen konnte. Aber auch hier war schnell eine Lösung gefunden, die gar nicht so abwegig war, wie sonst gern mal am Set: Wir tränkten den Zopf mit Milch, um die Schnitten auf seinem Teller gefügig zu machen.
Während die Milch für das Auge der Filmkamera nicht sichtbar war, entpuppte sie sich als Wunderwaffe gegen Sebastians trockenen Mund. Und war gleichzeitig eine interessante Variation des Rezeptes. Gerne mal ausprobieren!

Die Szene ist, wie ich finde, eine der lustigsten im Film geworden. Im Making Of der DVD gibt es Ausschnitte und Outtake-Szenen, in denen man Sebastian bei seinem Kampf mit dem Osterzopf erleben kann. Sein Einsatz hat sich am Ende also gelohnt. Was wir allerdings nicht verhindern konnten: Den restlichen Tag wurde der Arme von Bauchschmerzen geplagt. Ja, es kann schon zum Problem werden, wenn man in Filmszenen essen muss und die Augen schon bei den Proben größer sind als der Magen.

IM VORGEHEIZTEN OFEN
30 MINUTEN
BEI 200° BACKEN

DIE MENGEN GELTEN FÜR EIN BACKBLECH.

NIMM VON ALLEM DIE HÄLFTE, WENN DU DIE QUICHE IN EINER KUCHENFORM ZUBEREITEST.

QUICHE LORRAINE

DU BRAUCHST

Für 4-5 Personen:

Der Boden

- 100 g Margarine
- 200 g Mehl
- 1 Ei
- 1 Prise Salz
- evtl. etwas Wasser

Der Belag

- 150 g geriebener Emmentaler
- 150 g Schinken
- 150 g Bauchspeck
- ¼ Liter saure oder süße Sahne
- 2 Eier
- 1 kleine Zwiebel
- 1 EL Mehl
- Prise Salz und Pfeffer

UND MACHST ES SO

Klassisch einfach: Die Zutaten für den Boden ergeben einen Mürbeteig, der auf einem eingefetteten Backblech dünn ausgerollt wird.
Danach werden die Zutaten für den Belag in einer Schüssel vermengt und auf dem Blech verteilt.

Dieses Grundrezept für einen Speckkuchen kannst du ganz leicht variieren: Für Vegetarier lässt du das Fleisch weg, dann wird es ein Zwiebelkuchen. Oder du gibst dein Lieblingsgemüse hinzu. Einfach die Quiche wie einen Pizzateig belegen.

Als Beilage empfehle ich einen grünen Salat. Die Quiche kann auch noch kalt oder am nächsten Tag gegessen werden.

7
CARLOS VAL ALS JIM

TORTILLA DE PATATA

DU BRAUCHST

Für 4-6 Personen:
8 kleine Kartoffeln
5-6 Eier
1 kleine Zwiebel
Sonnenblumenöl (zum Frittieren)
Olivenöl

UND MACHST ES SO

Die Eier in einer kleinen Schüssel verrühren und ein paar Tropfen Olivenöl sowie Salz dazugeben.

Die Kartoffeln so klein wie möglich schneiden und dann in Sonnenblumenöl frittieren, bis sie schön knusprig sind. Anschließend das Öl abgießen.

Olivenöl in einer flachen Pfanne erhitzen und dann die Eier dazugeben. Löffelweise die Kartoffeln unter die Eier mischen. Anschließend auch die klein geschnittene Zwiebel dazugeben. Dann auf kleiner Flamme anbraten, bis die untere Seite goldbraun ist. Einmal die „Tortilla" gekonnt wenden und die andere Seite ebenfalls schön knusprig werden lassen.

VARIIER DOCH MAL

Wenn du deine Tortilla etwas bunter magst, kannst du Speck anbraten und ihn unterheben.

Für die Vegetarier bringen Zucchini, Paprika oder Tomate Farbe ins Gelb.

Für Käsefans empfehle ich Emmentaler, Ziegenkäse oder Schafskäse zum Untermischen.

8

LEANDER LICHTI ALS OLE

100 DELTA

DU BRAUCHST

Für 8 Personen:
500 g Nudeln (am besten Penne)
1 Glas getrocknete Tomaten
jeweils 100 g schwarze und grüne Oliven
500 g Kirschtomaten
1 Radicchio
1 Schale Rucola
3 Möhren
2 Staudensellerie
1 Fenchelknolle
½ Bund glatte Petersilie
½ Bund Basilikum
50 ml Olivenöl
20 ml Aceto Balsamico
Knoblauch
Schalotten
Saft einer ½ Zitrone
Saft einer ½ Orange
Kräuter der Provence
Thymian
Salz
Pfeffer
Pfifferlinge nach Belieben

NUDELSALAT MEDITERRANE LÜGE

UND MACHST ES SO

Die Penne – oder jede andere vorhandene Nudelsorte – werden in kochendem Wasser mit südländischem Fingerspitzengefühl zu einer „echten italienischen Pasta“ gekocht. „Al dente“ soll sie sein!

Die Schalotten werden gehackt, die Knoblauchzehe gepresst und mit dem Honig in das Olivenöl gerührt. Nun wird der Balsamico, der Orangen- sowie der Zitronensaft hinzugegeben. Mit den Kräutern abschmecken und ruhig einige Zeit beiseitestellen.

Die getrockneten Tomaten, die Oliven sowie das gewaschene Gemüse mundgerecht schneiden. Die Petersilie und das Basilikum hacken.
Zuletzt die Pfifferlinge putzen und in etwas Olivenöl, wenig Butter und Thymian in einer Pfanne schwenken.

Nun die warmen Nudeln mit der Vinaigrette und dem Gemüse in einer großen Schüssel vermengen und die warmen Pfifferlinge darauflegen.

BEI HUNGER
HÖRT DER
SPASS AUF!
LEANDER LICHTI

LEANDER UND DIE ZEIT

Leander Lichti und der Nudelsalat. Ja, das war schon eine Nummer. Um die zu verstehen, sollte man wissen, dass Leander früher einmal eine Lehre als Koch gemacht hat. Vor diesem Hintergrund hätte ihm der Nudelsalat, den er uns versprochen hatte, leicht von der Hand gehen müssen. Aber dazu kam es nicht. So begeistert er auch von der Idee war, beim Team Catering mitzumischen, so entspannt ging er dann an die Aufgabe heran. Denn er wollte nicht wie die anderen am Abend vorher sein Gericht zubereiten, sondern am Drehtag selbst.

Abruf bleiben. Vielleicht will der Regisseur noch etwas verändern oder der Kameramann eine andere Position ausprobieren. Es fällt also doch schwer, sich auf etwas anderes zu konzentrieren. Das hatte Leander unterschätzt.

Der Vormittag verstrich, und die anstehende Mittagspause rückte immer näher, was die Nervosität hungriger Teammitglieder steigerte. Da Leander nun in jeder Szene gebraucht wurde, fragte sich mittlerweile jeder, wann er um Himmels willen ihr Mittagessen zubereiten werde.

DIE GESCHICHTE DAHINTER

Das Mittagessen war auf 13 Uhr angesetzt. Auch wenn Leander bis dahin die eine oder andere Szene zu spielen hatte, gab es nach den Stellproben Umbaupausen, in denen er auf seinen nächsten Einsatz warten durfte. Licht musste gesetzt, Schienen für den Kameradolly gelegt werden und so weiter. Diese Zeitfenster also wollte Leander nutzen, um seinen Nudelsalat zuzubereiten.

Doch diese Wartezeit kann auch ganz schön anstrengend sein, denn man muss permanent auf

Bei Hunger hört der Spaß auf! Auch bei einem stresserprobten Filmteam.

Zum Glück erklärte sich unsere Set-Assistenz Christina bereit, unter Leanders kochmännischer Anleitung den Nudelsalat zuzubereiten. Ende gut, alles gut.

Das Essen wurde rechtzeitig fertig – der Name des Salats lag auf der Hand: „Mediterrane Lüge". Doch was zählt, ist die Wahrheit: Der Salat schmeckt unglaublich köstlich.

9

ANJA KNAUER ALS NELLIE

Dirty Talk für Gehörlose

CHAMPIGNONCREMESUPPE

DU BRAUCHST

Für 10 Personen:
1 kg Champignons
1 Bund Frühlingszwiebeln
1 große rote Zwiebel
2 Knoblauchzehen
150 g getrocknete Steinpilze
1 Zucchini
1½ Liter Gemüsebrühe
300 ml trockener Weißwein
2 Becher Crème fraîche
oder Sojasahne
oder laktosefreie Sahne

Frische Kräuter:
3 Zweige Thymian
3 Zweige Oregano
1 kleiner Zweig Rosmarin
1 Lorbeerblatt
1 Bund Petersilie
1 Bund Schnittlauch

UND MACHST ES SO

Die Steinpilze eine halbe Stunde lang zum Quellen in lauwarmes Wasser einlegen. Die Champignons putzen und vierteln. Gehackte Zwiebeln zusammen mit den Frühlingszwiebeln und dem Knoblauch in Olivenöl anbraten. Wenn die Zwiebeln glasig sind, die klein geschnittene Zucchini und die Pilze dazugeben. Jetzt die Steinpilze klein schneiden und zusammen mit dem Wasser, in dem sie eingelegt waren, dazugeben. Den Kräuterstrauß (Oregano, Thymian, Rosmarin, Lorbeerblatt) in das Gemüse legen und dann alles mit Weißwein und Brühe aufgießen.

Mit Salz, Pfeffer, Muskatnuss, Paprika- und einer Prise Chilipulver abschmecken und eine halbe Stunde köcheln lassen. Die Kräuter herausnehmen und Crème Fraîche oder Sahne dazugeben. Mit klein gehackter Petersilie und Schnittlauch verfeinern. Wenn du die Suppe mit Soja- oder laktosefreier Sahne zubereitest, kann ein etwas süßlicher Geschmack entstehen. Dann einfach einen Spritzer Zitrone oder einen zusätzlichen Schuss Weißwein unterrühren.

VARIIER DOCH MAL

Falls du lieber Broccoli magst, ersetze die Champignons ganz einfach durch Broccoliröschen. Wenn das Gemüse gar ist, pürierst du die Suppe und gibst dann die Sahne dazu.

DIE GESCHICHTE DAHINTER

SCHLÜRFEN ERLAUBT

Die Szene, in der die Champignoncremesuppe gegessen wird, ist sozusagen der Showdown der Geschichte. Die Liebesverwicklungen werden „auf den Tisch gebracht“ und die Liebe wird als die letzte Lüge des 20. Jahrhunderts entlarvt. Während es also am Tisch hoch hergeht, ist eine der Figuren außen vor und kann als Einzige das Essen genießen. Es ist die gehörlose NELLIE (Anja Knauer), die glücklicherweise von all den Diskussionen nichts mitbekommt.
In der Vorbereitung des Films mussten Anja, ebenso wie Sebastian und ich die Gebärdensprache lernen. Wir nahmen daher an einem Seminar des Gehörlosenverbandes Berlin teil.

Die Mitglieder des Seminars waren fast ausschließlich Gehörlose. In diesem Fall waren wir die Außenseiter. Während eine Professorin von dem Podium aus das Seminar über die Gebärdensprache leitete und ihre Ausführungen für uns Hörende von einer Dolmetscherin übersetzt wurden, waren wir vor allem fasziniert von der Atmosphäre im Raum. Denn etwas Entscheidendes war anders: Es war wahnsinnig laut. Überall wurden Stühle gerückt, Türen geknallt und lautstark Kekse verzehrt.
Andreas Costrau, der uns später in der Gebärdensprache unterrichtete, sensibilisierte uns zunehmend für die Wahrnehmung der Gehörlosen. Er erklärte uns, dass die Gebärdensprache für Gehörlose oft nicht die Muttersprache, sondern eine Fremdsprache sei, da die wenigsten auch gehörlose Eltern hätten. Und wir erfuhren, dass Gehörlosigkeit nicht zwangsläufig Stummheit mit sich bringt. Deshalb empfinden viele Betroffene „taubstumm“ als abwertend.

Mit viel Humor berichtete er aber auch über die Vorteile der Gehörlosigkeit. Unter anderem, dass man Lügen viel schneller entlarven könne, weil man darauf spezialisiert sei, die Gestik und Mimik eines Menschen zu lesen. Ebenso sei es sehr angenehm, sich nicht immer dem Druck beugen zu müssen, beim Essen keine Schmatz- und Schlürfgeräusche von sich zu geben.
So kam die Idee auf, dass NELLIE, während sich die anderen Figuren Wortgefechte lieferten, unbeeindruckt und geräuschvoll ihre Suppe löffelte.

Und seien wir doch mal ehrlich: Suppe schmeckt doch auch am besten, wenn man sie schlürfen darf!

_10 DIGESTIF

DAS SET

ENTSPANNUNG IN DER SONNE

DIALOGDISKUSSION

TARA

SCHNAPPSCHUSS

Auf diesen und den folgenden Seiten gibt es noch ein paar Schnappschüsse von den Dreharbeiten. Wie man sieht, hatte jedes Teammitglied seine ganz individuelle Vorstellung vom Digestif. Ob es ein Nickerchen, eine Massage oder einfach nur eine Portion Humor war …

RON UND CHRISTINA

MATEK

BESPRECHUNG EINER SZENE

SPASS AN DEN AUFNAHMEN

CARLOS

MARIE

DIE NEUE FRISUR

LENN UND ANJA

SEBASTIAN WIRD DREHFERTIG GEMACHT

THOMAS

DIE VERWANDLUNG VON CARLOS

DORO

JONAS UND MATEK

VEIT UND ANDREA

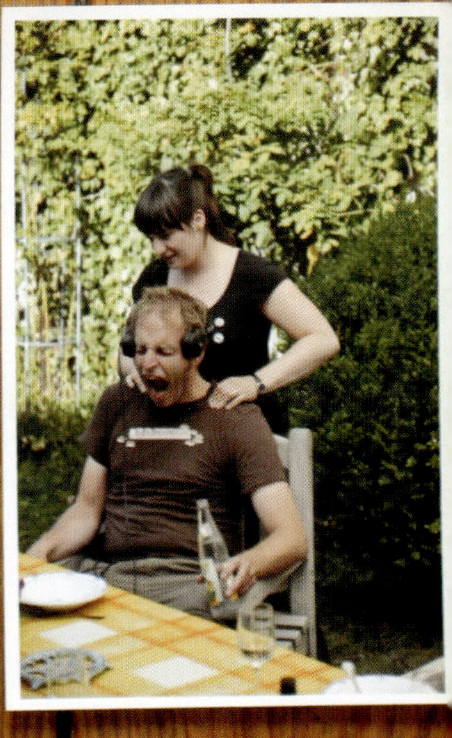

IMPRESSUM

Originalausgabe März 2011

Fon: 0561 - 766 449 0 | Fax: 0561 - 766 449 29
Lektorat: Anette Kleszcz-Wagner | Korrektorat: Christiane Helms

Portraitfotos Katharina Wackernagel: Darek Gontarski
Titelfoto: Dorothee Swinke | Foodfotos: Matthias Matek Hofmeister, Dorothee Swinke | Standfotos: Olaf Bredenförder
Setfotos: Martina Kasper, Dorothee Swinke, Veit Norek, Tara Biere | Idee und Konzept: Jonas Grosch, Dorothee Swinke
Redaktion: Jonas Grosch | Gestaltung: Dorothee Swinke
Druck: Thiele & Schwarz Druck- und Verlagshaus, Kassel
ISBN: 978-3-935263-81-8
www.prolibris-verlag.de